Marginales 158

Nuevos textos sagrados
Colección dirigida por
Antoni Marí

María Victoria Atencia

LAS CONTEMPLACIONES

1.ª edición: mayo 1997

© María Victoria Atencia, 1997

Diseño de la colección: Clotet-Tusquets
Diseño de la cubierta: BM
Reservados todos los derechos de esta edición para
Tusquets Editores, S. A. - Cesare Cantù, 8 - 08023 Barcelona
ISBN: 84-8310-528-4
Depósito legal: B. 11.142-1997
Impresión: Grafos, S.A. - Zona Franca, sector C, calle D 36 - 08040 Barcelona
Impreso en España

ÍNDICE

La umbela, *13*
Potestades, *15*
Puerta de las Lilas, *17*
La salamandra, *19*
Marianito, *21*
Encargo, *23*
Cuerpo a tierra, *25*
El verde, *27*
Monte Celano, *29*
La espuma, *31*
Ensayo general, *33*
Lo natural, *35*
La apuesta, *37*
Agosto, *39*
El cordón, *41*
El cuarto, *43*
Puerto, *45*
Región de los Lagos, *47*
El muelle, *49*

El mirlo, *51*
El monstruo, *53*
Un cuadro, *55*
Las nubes, *57*
El viento, *59*
La vieja casa, *61*
La hebra, *63*
Derribos, *65*
Los cristales del humo, *67*
Nadadora, *69*
Último renglón, *71*
El Príncipe, *73*
Las ausencias, *75*
Libro de horas, *77*
Etiqueta y tarro de cristal, *79*
La Farola, *81*
La vereda, *83*
La creciente humedad, *85*
Cobijo, *87*
Rosa, *89*
Una vela encendida, *91*
El año que viene, *93*
El don que nos sostiene, *95*
Jacintos, *97*
Algo de vida, *99*
El hilo, *101*
El fruto, *103*

La llamada, *105*
Tormes, *107*
Tiempo de entreluces, *109*
El clave, *111*
Acecho, *113*
Ulises, *115*
Las contemplaciones, *117*

LAS CONTEMPLACIONES

LA UMBELA

Con sólo el breve toldo o un palio o una umbela
de algún moral, me estaba protegiendo. Caían
los fardos por el suelo desde los altos carros
y me cegaba el polvo y el trajín las pestañas.
Me abrí el pecho de niña —digo, la blusa— y pude
dar un soplo de vida a los muñecos, con los brazos en cruz,
que amasaba con tierra junto al cauce,
uno después de otro. Examiné su hilera.
Interminablemente
proseguía su línea, no sé adónde.

POTESTADES

Para José Antonio Muñoz Rojas

Estaban en lo cierto y su aliento abrasaba
como un hielo deshecho en las manos de un niño,
y tenían la gracia de mil vírgenes revestidas de blanco.
Dejaron a mi puerta una cinta —que oí mucho más
    tarde—
y un brazado de rosas musarañas que puse boca abajo en
    lo oscuro
para ramo de flores desecadas.

PUERTA DE LAS LILAS

El árbol del verano pide a voces un viento.
Yo volteo sus flores
en un cedazo de castaño y retengo su aroma
en el recinto que el calor agobia: leve
duración contra el tiempo de lo que ya es nostalgia:
las lilas de una puerta que conservo en el nombre
escrito en unas vistas de París en el viejo artilugio
de aquella Exposición Universal.

LA SALAMANDRA

Era yo muy pequeña en aquel tiempo
de zozobra —pero no lo sabía—, y mis miedos
eran también pequeños, si llegaba a sentirlos:
coleccionaba piedras pequeñas de colores
y me quedé olvidada a la orilla del cauce
junto a unas piedras vivas idénticas al broche
que adornaba el vaivén del pecho de mi tía.

MARIANITO

Un aura —quizás suya— iluminaba
alas de celofán en vuelo por el cuarto,
y era sólo aprensible a sus dedos,
perceptible a sus ojos: un resplandor venido
desde dentro de su inocencia trágica,
y que siguió brillando
cuando fue a ensimismarse en los claros del bosque.

ENCARGO

Comienza a decaer el rigor del invierno
en el moho nacido en la pared recóndita
y está a salvo el junquillo de marzo que asedió la
   tormenta
y soñaba guardarme —y es demasiado pronto—
cerniéndome en su aroma.

Este encargo os expongo tras el frío y las aguas:
Cuando vuelva el verano y esté a punto el momento,
   recoged en el aire
esa porción de mí que con mi aliento queda.
Conozco mis deberes: soy vuestra pertenencia.
Devolvedme a mi casa.

CUERPO A TIERRA

El viaje comienza —y lo que importa es eso—
no sé dónde. Esta ropa
¿será la conveniente? Nos puede hacer un frío
imprevisto y mortal, o dejarnos el alma derretida en
   sofoco.
Está cerca el aljibe con sus aguas. Nos llega
suavemente su oreo
aunque las aguas tengan, y es lógico, otro oficio.
Alguien me espera lejos, como una muerte súbita
que de pronto se alzase con mi nombre de pronto.

EL VERDE

Tiene el verde su grito y su tacto en las hojas de abril
desnudas. Porque grita la piel. Porque el desnudo grita.
O no: simplemente susurra, de un modo clamoroso.

    Convengamos, al menos, en que el susurro tiene su
        esplendor llamativo,
su esplendor de renuevo como el de ciertos animales
        reptantes
que yo envidio y temo y se albergan —perpetua imagen
        mía—
entre estas verdes ramas renovadas de un abril que les
        deja
—les dejaba— crecer haciendo nueva, por un año, su
        vieja cobertura.

MONTE CELANO

Para Emilio Coco

Quizás volar, como esa urraca que alza
su empujón de un castaño a otro castaño, monte Celano
arriba
sobre un fulgor hacinado de narcisos,
y seguir ascendiendo y, para retenerme
aquí,
asomarme al barranco y proseguir a tientas.

LA ESPUMA

El agua derramaba su caudal en azules
cataratas de espuma, y yo caía con ellas
—y era ellas— a plomo. ¿Podría referirme
a una condición húmeda natural?, ¿referirme
a una cierta, indeleble vocación de caída
y dispersión?

Espero mi remanso cuando se estanque el agua
con su quietud idéntica —en esta holgada estancia—
a la de aquel regato inicial de mis días.

ENSAYO GENERAL

Bendita seas, discordia constante, vida. El pomo
de las puertas y su tacto usual
pueden no dar acceso a un templo vivo: restos
de historias somos
—o restos de edición— que se contrastan
y campan con su exceso de recuerdo y poder.

Cuando mis manos colmen con anillos
su hueco de ternura y acciones no cumplidas,
bendita seas, discordia constante, vida, huera
transigencia
y ensayo general de soledades.

LO NATURAL

¿De qué soy la carente si está ahí naturaleza?
Me renuevo en mis brotes, yo, la dócil
animal doblegada a la caricia, y lo proclamo. Todo
sigue su curso natural. Pero ¿dónde
cobra la nada su natural sentido?

LA APUESTA

Cuando súbitamente te abandonen las formas,
se colme de vacío tu plenitud de hueco
y sientas su propuesta de abandono acecharte,
apuesta por la vida y añade a su grandeza
la levedad, al menos, de un junquillo de marzo.

AGOSTO

He de integrarme en estas horas cálidas,
en este persuasivo agosto y el paso de sus días
mientras discurre el año y yo discurro,
siempre almanaque en mano y siempre por mi piel
—y yo, rebelde—, yéndome siempre y sin lograrlo
antes de que descubra que el verano me agosta
y que habré de dejar esta umbría que empiezo a sentir
yerma.

EL CORDÓN

Finalmente transcurrió el verano,
tan seco que ni llorar sabíamos
ni encaramarnos a su provocación
hasta romper sus aguas
y el cordón que a su vientre nos unía
como en una criatura prolongada.
Era un distanciamiento filial que ha de mirarse
con ojos de haber visto muchas cosas
y haberlas olvidado para siempre.

EL CUARTO

La nube de organdí se acoge a un cabecero
metálico y, más alta, con su luz abolida,
la lámpara sostiene su invitación de vidrio
al vuelo de los pájaros.

Allí estuve soñando que vivía mis días;
que tocaba mi frío,
me hablaba en ocasiones, sin conseguir oírme,
y me marchaba luego, dejándome en el cuarto.

PUERTO

Para Biruté Ciplijauskaité

Escucho las campanas del puente de los barcos:
septiembre es mes de tránsito y una goleta viene
a llamarme a las islas, o el cuarto se desplaza
lentamente. ¿Quién parte
junto a los marineros o quién roza mis muebles?
Oh puerto mío, acógeme esta tarde,
envuélveme un pañuelo de lana por los hombros
o llévame en un cuarto de roble mar adentro.

REGIÓN DE LOS LAGOS

La empujaba no sé qué oculto aviso
una vez y otra vez, y se iba afuera,
llegaba a un mismo punto idéntico del mapa,
se arrojaba de bruces sobre los Grandes Lagos
y lloraba (o reía) y volvía
tan cuidadosamente seca, mi abuela, y bien peinada
con su imaginación a prueba
de guerras y entreguerras y apagones.

EL MUELLE

Hacia esta parte quedan veleidad y constancia,
templanzas y apasionamientos que con sólo un giro
de medio grado se hunden bajo la luz que sobre el mar se
quiebra
en tientos que su canon de vida desconocen,
su transitoria levedad
que en sólo dos ciegas brazadas
ciegas me trasladan intacta hasta el centro del muelle.

EL MIRLO

Los silencios,
las tiernas medias voces compartidas,
a la extendida noche extenuada regresan
como a su sitio propio,
aunque la historia aquella esté dada al olvido.

Alma mía, que en vanos
tientos te vuelves a debatir, regresa
tú también a los días superpuestos.
En la araucaria, el canto de un mirlo me sostuvo
hasta rayar el alba.

EL MONSTRUO

Era su territorio y ejercía
sobre él su derecho
con sus ojos de monstruo —monstruo noble,
entendámonos—
que no parpadeaban, sus escamas de monstruo
y su perseverancia.
Podía llegarse sólo hasta la cima, su ámbito
admitido o pactado, pero no rebasarlo.
Inútilmente alguien
advirtió del peligro, de un acecho que me sobrecogía.

Él seguía en lo suyo.

UN CUADRO

Puedo decir tan sólo su encuentro en el vacío,
el alto objeto de su tiranía gozosa
sobre el gris de una plata arañada o el asombro
de aquella dimensión mantenida en su plano.
Conozco ahora el secreto: el caballo, la mesa,
la rota flor, el toro.
Yo sostengo la lámpara.

LAS NUBES

Como cruzan ahora por la gloria celeste
las nubes de febrero,
pido un martillo de caramelo rojo
para clavar sus puertas.
Restos de temporal devueltos ya al sosiego,
instantes compartidos como una noche amante
que guarda en su recinto las luces del ocaso.

EL VIENTO

¿Qué viento el de aquel día? Y yo dejada
allí sobre los montes, sin historia
ya, ni dolor de madre intempestivo,
sin blanco ajuar y sin cambiar pañales,
sin niños al colegio, sin mis lutos.

No queda sino tiempo, Victoria Atencia; tiempo.
No queda tiempo. Queda todo el tiempo.

LA VIEJA CASA

Cuelga aún el chal de luto en un respaldo, pasan
las lentas horas, el cotidiano hastío,
las palomas que anidan —tan sólo imaginadas— en el
   dormitorio,
los gestos consabidos que saben las paredes,
las significaciones, las palabras incluso
que fueron piedras mágicas ordenadas un día,
mi parte —no pequeña— en esta historia.

Lo estábamos sabiendo —es cierto— de algún modo,
y sin embargo nadie habló de nuestro paso,
sólo una aguja más, devuelta a su acerico.

LA HEBRA

Tulia

Le ha de sobrevenir el sueño
quizás antes que a mí, y cerraré sus ojos
después que mudamente me pregunten
por qué razón, y de ella
—prodigio de belleza sin otro fin que serlo—,
con su deber cumplido, no me quede
sino una blanca hebra de su vientre en mi falda.

DERRIBOS

Donde los vanos rostros de ignorados amantes
son señas que prorrumpen de huecos de derribos, de
atorados desagües,
de un suelo que no alcanzan
a humedecer sus labios cuarteados,
dadme razón, no obstante, de su historia.
Desde lo acre claman por su antigua hermosura.

LOS CRISTALES DEL HUMO

Mi moneda extraviada y piedrecita
y mi caudal y casa de la que aún soy dueña, me revisten
y soy
su almendrilla interior, su alloza blanca.

Tiendo mi mano y quiebro los cristales del humo:
formas, formas me acosan, y olvido inusitadas
desidias con su peso inamovible.

NADADORA

Distintas aguas son
de las que se rompieron para que yo naciera
estas aguas que rompo prorrumpiendo
en un hilo de aéreas, gruesas cuentas
de vidrio al sumergirme,
tácita invitación para que alguien me saque
tirándome del pelo o las agallas
con un gusto nipón por el pescado crudo.

ÚLTIMO RENGLÓN

Para Jill Kruger-Robbins

La noche y sus agüeros, su olor azul marino,
su leve inconsistencia. (La inconsistencia tiene
también su aroma propio, no sólo un propio tacto.)
Ella es mi desarraigo, mi vigilia continua,
mi estar fuera de mí vigilándome siempre,
y yo su deterioro
o su último renglón.

EL PRÍNCIPE

Llevaba su cartera de trabajo en la mano
y era, aunque en el exilio, un Príncipe de Gales:
sólo por un instante sostuve su mirada.
Nada más supe entonces. Por el largo pasillo,
ausente de mí misma y el alma desceñida,
las lámparas se fueron encendiendo a mi paso.

LAS AUSENCIAS

Inútilmente vais a esperarme: no soy,
no, no soy vuestra huérfana, muertos míos recientes,
aunque creáis dejarme aquí desasistida.
También acrece fuerzas la soledad:
no será vuestra ausencia el tirón que aguardaba.
Mas llegará el momento
después de que en el hueco de mis manos
tan sólo quepa un sorbo amargo de café.

LIBRO DE HORAS

Hay un rincón propicio del fresco patizuelo
o el desván en penumbra
sobre estancias mayores,
donde el sueño prescinde de la pura palabra
y un instante nos tiene
libres ya de cansancio —y de pasión— en vuelo.

ETIQUETA Y TARRO DE CRISTAL

Que no impongan su ley los coloniales.
Doblego a mi caricia
algún frutal cobijo de un sol sin atenuantes.
Elaboro un proceso de antiquísima alquimia
mientras me incendia el rostro su fervor sobre el fuego,
y su dulce espesura —agostándome— unen
y separan mis dedos delatores.

LA FAROLA

Era vuestro fulgor quien daba lumbre al faro,
inventadas historias más allá de los muros
o que yo adivinaba, nocturnal, junto al latón y el vidrio
en mi torpe fragata varada en las orillas;
historias no creíbles y sin embargo ciertas por mi sangre
mientras daban en torno, cada veinte segundos,
vuestras cuatro descargas intermitentes (una, dos, tres y
   una)
de aviso para navegantes.

LA VEREDA

Las cuatro pedrezuelas —ni siquiera blancas—
que señalan a tramos la vereda, se ofrecen para herirme
y teñirse de un púrpura oxidado.
Porque la sangre no es mi patrimonio. Sí los pasos.
La sangre es suya y mía: de esas piedras recubiertas de
 musgo
en la interior medida necesaria para hacer efectivo este
 paisaje.

LA CRECIENTE HUMEDAD

Cuántos dorados ocres contradichos, cuánta
agua vertida, cañada abajo, abiertas
en el cielo las cajas, los bargueños;
cuánta docilidad animal acogiente
puede abarcarnos, cuánta seña fértil
y más, y yo extendida,
calada hasta los huesos de mi alma.

COBIJO

Se decanta en el vano el claroscuro,
entreabiertas las puertas donde partirse el alma,
y el pájaro interior
emprende el vuelo desde su cobijo:
piso primero, hueco segundo a la derecha, y yo me entiendo.
Nada fui con la noche y seré nada;
pero una nada —ahora— gozosa por el vuelo.

ROSA

   También se mira en mí el espejo
y me mira la rosa desde su fresco vidrio provisional: me
      hace
memoria suya e invención de sus pétalos:
argucia para sobrevivirse, hecha naturaleza suya
mi propia compostura, hecho suyo mi aliento cuando
      luego
me deje en paz aquí y luego en rosa.

UNA VELA ENCENDIDA

Puedo a un tiempo enmarcar el codicioso espacio
que se sabe mis señas, puedo llamarlo «vida»,
puedo incluso alcanzar que me devuelva enteros
cada uno de mis pasos, con tan sólo
encender una vela y ponerla delante. Pero no sabré nunca
qué peso añadirá mi imagen al espejo,
qué peso el de la luz de una vela encendida.

EL AÑO QUE VIENE

Para Sharon Keefe Ugalde

Hacer girar el corazón contra su aguja,
contra el tiempo y su sangre, contra la memoria,
desploma mi pared. ¿Seré un rechazo
de piedra más, herida en el escombro?
No crujas, por cansada, alma mía enzarzada en mi pared,
en mi rodar del tiempo. Está Jerusalén a tientas de la mano,
y ya piso su umbral.

EL DON QUE NOS SOSTIENE

Dónde la grácil criaturilla ausente,
el destello de luz que fue, la suspendida
memoria de su paso por un tiempo
idéntico a sí mismo mientras escribo ahora.

Nos imponen
las horas acopiadas su sevicia
con testimonio por el que postergamos
el prodigioso don que nos sostiene.

JACINTOS

Los bulbos desecados en la alacena oscura
penden, y halcones penden del azul arrasado
y hay quienes los estudian cuando en la torre anidan;
hay quienes cuentan y anotan sus trasiegos.
La vida se suspende. Yo misma estoy suspensa.
Yo, jacinto también que ignoro los renuevos;
yo, suspendido halcón que ya se abate.

ALGO DE VIDA

Algo de vida ronda aún por los cuartos:
un último suspiro retenido
que me abarca sin voz entre sus pertenencias
rozando los olores de la casa
y algún papel quizás.
            Algún momento
pensé en un cierto ensalmo o en abrirme las venas
y luego desistí, para poder contarlo.

EL HILO

Lo preferible es siempre que se tome la hebra
del propio corazón del ovillo. La cuestión es tejer.
La cuestión es que el hilo se adelgace en mis dedos,
fuera ya de su historia,
cuando deje mi vida —salvo auxilio o el hilo—
un yerto trazo liso en la pantalla.

EL FRUTO

Más allá de su propia belleza lo incendiaban
por el alba las luces, suspenso de una rama
que conoció el despojo, pero también —y antes—
el frondoso esplendor sucesivo de un árbol.
¿Quién sabría su porte?
                        Está en sazón aquí, con su memoria
—una vaga memoria carnal— y una tersura
que va sabiendo a cuántos años-fruto quedaré de sus luces.

LA LLAMADA

Vuelven desde su adentro mis configuraciones, llaman
suavemente a la puerta
y, aunque apenas las oigo, cortésmente les abro
—venciendo la pereza— un resquicio capaz
entre el quicio y la hoja;
un espacio entre el muro y el nogal consistente,
y me vuelvo buscando la hoja de papel
que me ha de preservar con sólo su crujido.

TORMES

Sebastián. Juan Antonio.

Desde el pretil romano sobre el Tormes, mirábamos
las islas, asentadas apenas en el cauce, y sus juncias;
los caballos que allí pastaban, falsamente
libres y tan ajenos a los *orbis terrarum,* las esferas
armilares, los códices de la vieja y sellada biblioteca de
al lado.

Desde el pretil quedaba, bajo nosotros, sólo,
sobre el vacío, un corto puñado de oquedad,
y alcanzaba al pretil un signo nuevo
alzado desde el agua: aquella luz. El río,
herido en su mitad, proseguía ignorándonos.

TIEMPO DE ENTRELUCES

Habrá un tiempo de sombras o de entreluces donde
vuelva a saberse el alma adolescente y tierna
y errante. Resultará difícil —abatidos los planos—
volver a sitios, tiempos, desmemorias o arte
en general, en este torpe modo
de indefensión anterior al momento
en que han de señalarme con el dedo.

EL CLAVE

Christian Baude

Rica en clarividencia, sobre los cuerpos laxos
se puede alzar en clave la elegía;
se puede anticipar su lágrima de cera
encendida para el concierto último.

Quietas las manos ya, a otra patria dispuestas,
nos recoge su luz.
Paño de duelo y sal en los atriles,
por su silencio cae una pavesa al suelo.

ACECHO

No quisiera aún perder esta pequeña
porción de entendimiento no alcanzada
por esa espesa —y dulce— y persuasiva niebla
que se alza desde tierra y me acecha los labios.
Aún sobresalgo y puedo aún de puntillas respirar
y darme con los ojos contra el sol y sus luces
aunque empiezo a cansarme y ya me pierdo
entre el discernimiento del sueño y la vigilia,
el gozo y su reverso —y es lo que me duele—
y lo proclamo y escribo a lápiz, mientras
se apaga el cirio del altar en este
primer domingo, lluvioso, del Adviento.

ULISES

Se pueden confundir estación o aeropuerto
y el cambio del reloj, de los signos, las lenguas
o las frondas, el claro asfalto, el césped o la arena.
Con el desasosiego, vuelve a mi centro algo
desde el punto del lápiz a la página
con sus claras respuestas y sus orientaciones
hacia un puerto feliz al que siempre regreso.
Heureux qui, comme Ulysse, a fait un beau voyage.

LAS CONTEMPLACIONES

Muevo en la oscura noche y su bolsa los restos
—tantos menudos trozos—
de una historia que cierran la puerta y su chirrido.
Se prohíbe la nostalgia. No hay más contemplaciones.
Atendedme
sin embargo este canto final, y ya de abatimiento.
Toda historia se cierra —cuando no se interrumpe— en
     un final feliz,
y ya me puedo ir, en mi final feliz, con la Santa Compaña.